무위음집(無爲吟集)

지성.감성의 메타언어
조선문학사시인선.918

무위음집(無爲吟集)

박 진 환 제474시집

조선문학사

■ 책머리에_시인의 말

자연의 번역·통역·해석이고자

  시집 『무위음집(無爲吟集)』은 자연을 불간지서(不刊之書)로 나름의 해석이나 번역, 나아가 통역을 시도해 보고 싶은 데서 시를 출발시킨 일종의 자연을 읊은 시편들을 엮었다.
  하늘의 이나 치나 자연의 연유함인 인(囚)함에 잇대인 자연의 순환질서나 법도는 그 이치가 일원론에서 비롯된 연속성의 원리쯤이 아닌가 하는 생각을 해왔다.
  무위의 법도는 무엇이고, 자연의 가르침은 무엇이며, 무엇을 자연에서 배울 수 있을 것인가에서 시를 출발시켜 본 것이 '무위음집'이다.
  사적인 일로 필자는 독립공원을 매일 드나들어야 했고, 소이로 해서 공원을 쉼터 삼아 자연을 벗하는 나름의 학습 공간으로 여겨왔다. 까치 울음이나 비둘기 울음, 멧새들의 지저귐에 귀를 기울여보기도 하고, 푹신한 그늘 벤치삼아 쉬면서 무심했던 것들을 유심으로 다가가 보기도 했다. 그럴 때마다 무위를 해석해 보고 싶었고, 번역이나 통역해 보고 싶어졌다.

  이런 발상에서 시를 출발시킨 것이 『무위음집』쯤이 된다. 나름으로 새로운 시각으로 자연을 보는 견자이고 싶었지만 자연은 결코 이를 허락하지 않았으나 그런 대로 나름의 시법에 의존 형상화하고자 노력했다.

  그럴 때마다 떠오른 것이 사르트르의 '시는 사물로 쓴다'였다. 사물의 외양만이 아닌 사물 뒤에 가려져 드러나지 않는 비의까지를 발견, 드러내고자 최선을 다했다.

2024. 盛夏
저자 씀

무위음집(無爲吟集) 차례

책머리에_시인의 말 / 5

가시와 은장도 / 11
가을 어느 맑은 날에 / 12
개화 릴레이 / 14
개화 바통터치 / 16
개화소묘 / 18
개화 2기 / 20
개화초(開花抄)·1 / 22
개화초(開花抄)·2 / 24
겨울나기 / 26
겨울 공원 소묘 / 28
공원에서 / 30
귀로에 서 있는 것을 / 32
낙엽·1 / 34
낙엽·2 / 35
낙엽·3 / 36
낙엽·4 / 37

낙엽·5 / 38
낙엽·6 / 39
낙엽 지는 날 / 40
낙화·1 / 42
낙화·2 / 44
눈 오는 날 / 46
단풍 / 47
대춘부(待春賦) / 48
독립공원·1 / 50
독립공원·2 / 52
독립공원에서 / 54
무상의 축복 / 55
물든 잎새들 / 56
봄 나절의 한때 / 57
봄 앞에 하고 서본다 / 58
봄을 앓다 / 60
봄의 행보 / 62
색의 경염 / 63
석가사 백목련 / 64
설화(雪花) / 66
세상이 온통 누렇다 / 68

시시콜콜이라니 / 69
악가시야 / 70
우수 전후·1 / 71
우수 전후·2 / 72
우수 전후·3 / 74
은행목에 온통 가을이 / 76
입동(立冬)에·1 / 78
입동(立冬)에·2 / 79
입동 전후·1 / 80
입동 전후·2 / 81
입동 전후·3 / 82
입춘과 우수의 중간지대 / 84
입춘 전후·1 / 86
입춘 전후·2 / 88
입춘 전후·3 / 90
장미 / 92
중동 공원 소묘·1 / 93
중동 공원 소묘·2 / 94
중동 공원 소묘·3 / 96
중동 공원 소묘·4 / 98
중동 공원 소묘·5 / 100

찔레야 / 101
초동 소묘 / 102
초동일기 / 104
초동우(初冬雨)·1 / 106
초동우(初冬雨)·2 / 108
초동우(初冬雨)·3 / 110
초동초(初冬抄)·1 / 111
초동초(初冬抄)·2 / 112
초동초(初冬抄)·3 / 113
초동 초입에 서 있음인 것을 / 114
초춘초(初春抄)·1 / 116
초춘초(初春抄)·2 / 118
초하 공원 소묘 / 120
포착 / 122
풍료법(風療法) / 123
하일 수해에서 / 124
하오 공원 소묘 / 126
하오의 공원 소묘 / 128
해동 무렵의 공원 소묘 / 130
햇볕 따스한 날 / 132

가시와 은장도

빛깔과 향기로 말하는 줄 알았던
장미
아니었어
장미의 언어는 가시였어

"꺾지 마, 찌를래"
미모에 지혜도 지닌
꺾일 줄 알고 세운 독가시가
철이 들어서야 읽을 수 있었던 장미의 언어였어

한 송이 장미의 말 통역이 이러하면
무위란 통역불가에 해석도 불가
신이 쓴 불간지서(不刊之書) 자연을
어찌 인위가 번역할 수 있단 말인가

살찐 독가시로
순수를 지키고 싶어 했던
무위의 법도
가시와 칼의 은유를 빗대어 본다

가을 어느 맑은 날에

이별이란 슬픈 것이지만
보내고 그리는 정은
아름답지 않는가

슬픔보다 아픈 것은 연민
슬퍼하는 가슴보다
슬퍼하게 하는 가슴이어서

가슴으로 하는 말
그중 아름다운 말은 무엇일까
사랑·그리움·외로움

그 셋을 합쳐 할 수 있는 말 있다면
물음에 답이 될 듯
없으니 물었을까, 몰라서 물었을까

물음과 답을 넘어선 곳
사랑과 그리움과 외로움이
하나가 되는 곳

그 높이에 가 닿을 수 없으니
물음, 답 따로따로인 것을
답 들어줄 이 있었던들 묻기나 했겠는가

개화 릴레이

길섶의 난장이키 못 면한
미음들레에서
가지 높은 목련·벚꽃까지
언덕의 개나리에서
양지녘의 진달래까지
목하 계절은 개화 릴레이 중

바통터치가 필요 없는
무위의 질서를 좇으면 그뿐인
공원은 작은 도심의 정원이다
울타리가 없으니 누구나 들러 쉬어갈 수 있고
여기저기 벤치가 쉼터가 되어주니
도심의 휴식처임에 틀림없다

피는 꽃 벗할 수 있고
쉬면서 한가 벗할 수 있고
여가 틈타 심신의 노독 풀어줄 수 있으니
들어선 나그네에겐 목로주점이 되어주고
한 컷 떠 재단해 가는 시인에겐
시의 낚시터가 되어주는

적당히 노독이 풀리면
안부 겸 근황을 나누는 전화도 할 수 있고
까막까치 울음인지 노래인지
벗하며 무위를 풀이해 보는
공원은 페이지 없는 교과서, 자연에서
배운다를 교습소 삼아 페이지로 넘겨본다

개화 바통터치

공원엔 산수유·백목련·벚꽃에 이어
이팝꽃·진달래·앵두꽃들이
바통터치라도 했는지 다투어 피고 지고 있다

길게 누운 안산 능선엔
나무째 커다란 화환이 되어버린
산벚꽃들이 군집을 이뤄 축복으로 서 있다

바람은 알맞게 꽃가지를 흔들고
흔들리는 가지들이 띄운 낙화들이
피면서 한 번, 지면서 한 번 꽃으로 피고 있다

햇볕은 등에 땀이 배일만큼 온화하고
수림들의 가지에선 잎새들이 입이 되어
햇볕을 핥고 있다

그린에서 그린으로 이어지는
스크랩을 짜고 도열해 선 거수들이
근육질의 건강한 하체에 힘줄을 세우고 있다

길섶에선 노란 모자를 벗고
"나도요" 알은체를 하는 민들레의
개화로 표정한 한 컷이 인화되고 있다

개화소묘

개나리는 수직 블록담을
노랗게 휘이게 둔갑시켰다
뿐만이 아니라 산자락이나
벼랑까지도 곡선으로 울타리를 둘러쳤다

독립공원 인근 철거민촌
빈 뜰에 핀 백목련은
환한 대낮인데도 백열등을 밝혀들고
가곤 오지 않는 주인을 기다리고 있다

담장 밑 길섶에 핀 민들레
난장이키가 부끄러운지
노란 베레모 눌러쓰고
지나가는 길손 눈길 피하고 있다

산수유는 가지째 나무째 한 묶음 꽃다발
꽃 맵시 눈길 끌지 못해
욕심 내 꺾어갈 일 없으니 안심하고
노곤한 춘곤증에 떨어져 잠들고

진달래 절개 수술한 젖멍울
흘린 피로 흉터 아물어 벙근
목하 공원은 창궐한 꽃들의 발병지대
지금 한창 홍역앓이 중이다

개화 2기

공원 거수들의 가지
잎잎마다 입입이 되어 핥은
햇볕 열기가 한낮의 공원을 달구고 있다

지나가던 바람이
간헐적으로 열기를 훑고 가지만
내릴 기미가 없다

가지 높이에 있던 까치집이 가리어지고
가려진 가지와 가지 사이로
하오의 한때가 지나간다

개화 2기쯤이 되는
진달래·라일락·이팝꽃들이
향과 빛깔을 달리하고

부부인 듯싶은 까치 한 쌍
이때쯤이 부화기가 아니던가
깍깍깍 깍깍깍 부창부수가 금슬 자랑같다

다투어 지기 시작한 벚꽃잎들이
화우 되어 적시는 가슴에
꽃물 든 비단 한 자락이 감긴다

개화초(開花抄)·1

선잠 깼나 산수유
노란 눈곱
뜯어내지 못하고
홍매화 나무째 가지째 살갗 터진
천형의 문둥병에 걸렸나

양지녘 목련
빈혈긴지 신열앓인지
꽃잎마다 부챗살로 펼쳐 열 식히고
공원은 목하 발병지대
홍역인지 황달긴지 다투어 창궐

진달래 개나리까지
다투어 개화 서두르면
가슴으로 품어 기른
내 꽃씨도
꽃잎으로 펼쳐질까

나도 문둥병에 걸리고 싶다
걸려 천형의 계절답게

온몸에 열꽃이라도
번지고 터져
한 그루 꽃나무이고 싶다

개화초(開花抄)·2

춘분이 지나자
가지들의 색깔이 보랏빛을 띠기 시작했다
나무와 함께 산색도
보라로 허리에 띠를 둘렀다

새들도 물을 머금어 굴리듯
지저귐이 맑다
꽃들은 개화기
다투어 제 빛깔 드러내기에 바쁘다

홍매화는 나무째 한 송이 꽃이고
산수유는 창궐한 황달기 못 면하고
목련은 신열앓이 식히려는 듯
꽃잎을 부챗살로 폈다 접었다 한다

바람은 냉독이 빠져나갔는지
건들건들 지나가고
가지들은 흔들어 아는 체를
한사코 털어내며 접근금지령을 내린다

지나가던 한나절 햇볕이
잠시 벤치에 앉았다 떠나고
상오를 돌아 하루도 반반으로 쪼개진다
그 사이로 봄의 행차가 지나간다

겨울나기

연일 이어지는 두 자리 숫자의
영하 한파
한파 피하기보다 동파가 더 걱정되는
겨울나기라니
난방은 차라리 사치다

상궁지조라고 했던가
어느 해 겨울 보일러 배선이 동파 3층이
고드름 벽이 된 적이 있었다
지나가던 시선들이 초가지붕을
연상하며 고향을 떠올릴 만큼

겨울 내내 난방을 포기한 채
방한복으로 살았던 겨울나기의
짐승스럽던 두려움은 지금도 지워지지 않는
겨울의 동화로 간직하고 있지만
그해 겨울은 추웠다

자식들은 그때 경험을 잊지 않았는지
걱정이 태산이다

난들 걱정이 왜 없겠는가
더군다나 독거의 공간이 됐으니
겨울나기는 두려움 자체다

아침저녁으로 구식 석유보일러를 가동
나름의 난방을 게을리하지 않는다
딸애는 난방이 잘된 APT의 겨울나기를
다행스러워하며 아빠를 모시고자 하나
그 고마움만으로도 나는 따뜻함을 느낀다

겨울 공원 소묘

영상을 회복한 햇볕은
냉기가 풀리면서 부드러웠으나
풀 먹인 듯 바람은 빳빳한
얼음기를 녹이지 못했다

다음 주면 1월의 끝
춘분·경칩·우수가 기다리고 있는
봄의 길목에 들어선다
이를 알리는 전령사라도 된 듯 햇볕은 따뜻했다

까치들이 짝을 찾는지
짝을 지으려는지 깍깍깍을
화음으로 주고받았으나
결과는 까치집이 말해주리라

수경사 식당 연통이
정오가 이미 지났음을 말해주듯
증기를 뿜어내지 않았다
일련의 병사들이 땀을 흘리며 구보로 지나갔다

벤치는 계절의 간이역인 듯
그늘과 햇볕과 과객이 앉았다가
피리리 새소리 출발 신호 삼아
자리를 떠났다

공원에서

공원은 도시의
연안부두
바람 따라 거수들은
수초처럼 흔들렸고
흔들릴 때마다 파랑은
도심으로 범람했다

지방에서 올라온
고속 관광버스는
여객선이 되어
연안부두에 승객들을 내려놓았고
하선한 승객들은
삼삼오오 강심을 누볐다

공원의 옛 형무소는
수중 기념관이 되어
찾는 발걸음으로 부산했고
유관순 열사의 동상은
카메라 셔터 세례가
그치지 않았다

바람에 일어선 파랑은 잔잔했고
푸른 강심은
수심이 깊었으나
젖는 것은 가슴일 뿐 젖을수록
고슬고슬한 물기 가신 몸은
한사코 부상했다

귀로에 서 있는 것을

공원 양지녘 벤치
햇볕 따뜻해 자리하고 앉았더니
플라타너스 잎새 하나 발 끝에 떨어져
발자국으로 찍힌다

"어디 가시는 길임둥"
까치란 놈이 뽀르르 나서며
까악까악 가지 끝에 앉았다
쳐다보는 멀리엔 하늘이 걸려 있었다

하늘 혹은 천심
오직 바라기하기 하늘이었으니
돌아갈 수 있는 곳
귀천밖에 더 있었겠는가

이어 또 한 잎이 떨어져 나란히 헸디
"동행 중인감"
이번엔 바람이 낚아채
저만큼 끌고 갔다

부질없어라 어디로 간들 무얼 하겠는가
발자국으로 찍혔으니 이리 엽혼을 읽어본 것뿐
모두들 돌아가는 나그네
돌아가는 계절 가을 귀로에 서 있는 것을

낙엽·1

떨어져 나뒹구는 낙엽들을 보라
보고 왜 등을 보이고 있는지
답해 보라

아마도 단풍시절
지녔던 고운 얼굴 낙엽으로 떨어지니
추한 얼굴 보이기 싫어서가 아닐지요

아냐, 저 무심한 발길질에
얼굴을 밟힐 수야 없지
해서 등을 내미는 거라구

둘 다 답은 답이다만
정답은 나도 모른다
자연을 스승이라 안 하더냐 물어볼 일이다

보이면 보인 대로 보거라
보이는 것도 제대로 볼 줄 모르면서
속뜻까지 알려 하다니 그만 됐다

낙엽 · 2

낙엽은 마른 영혼의 무게마저 버렸을 때
버린 곳에서 떨어질 수 있는
떨어짐으로써 획득되는 이름으로 찍은
발자국이다

따라 걸으면 영혼으로 찍고 간
고향에 가 닿을 수 있을까
있어 향수로는 달랠 수 없는
그리운 것이 될 수 있을까

목하 수림들은
귀향을 위한 발자국이 되기 위해
낙법 연습 중
떨어져야 찍히고 찍혀야 길잡이가 된다

발자국 아닌 이마로 동행하면서
아미 들어 바라기하는 저쪽
무심한 구름 유심으로 보내면서
가을을 가로지른다

낙엽 · 3

혼은 엽혼(葉魂)으로 돌아가고
육신은 발자국으로 찍혀 있는
낙엽

따라 걸으면
어디쯤에서 발자국 끝날까
끝나 이별이 될까

가보시게나
끝나는 곳에서 이별 아닌
새 손을 맞아 기쁨을 함께 하리니

발자국 따라 밟고 갔던 길 돌아오는 길엔
옥분 위에 스스로의 발자국 찍으며
육출공과 동행하리니

※ 육출공(六出公) : 눈을 달리 일컫는 이칭.

낙엽 · 4

낙엽은 지고, 진 낙엽
엽혼(葉魂)은 발돋움으로
바라기하던 하늘로 귀천하고
육신은 발자국으로 찍혀 있다

발자국 따라 걸으며
아미 들어 멀리 바라기하면
아득한 하늘가 어디쯤에
돌아갈 고향이라도 따로이 있는 것일까

마음에 산 하나 지니고 살면서
절간 하나 세워 고향하면 정토가 되듯
하늘바라기로 발돋움하면
엽혼처럼 귀천할 수 있을까

존재했던 모든 것들의 껍데기는
흙으로 돌아가고
알맹이는 돌아갈 고향을 따로 지닌 것일까
하늘을 이치라더니 이 또한 하늘의 이치 아닐지

낙엽 · 5

억수로 쏟아 내리는
엽우(葉雨)는 아무것도 적시지 못 한다
낙엽길을 걷고 있는 낭인의 가슴을 적실뿐

젖은 가슴으로 걷는 낙엽길은
가실 강물이다
범람하는 가슴의 둑이 무너진

낙엽들은 떨어져 뒹구는 것이 아니다
저마다 파도가 되어 출렁이는
격랑의 강물이다

일진의 바람이 쓸고간 이파리는
파도로 일어서는 노도
낭인의 젖은 멜랑콜리가 익사를 자청하는

낙엽길을 밟아보면 안다
엽우에도 익사할 수 있다는 것을
익사가 다디단 죽음이자 부활이라는 것을

낙엽 · 6

낙엽을 밟아 보았느냐
무슨 소리로 들리더냐

'부스럭 하데요' '밟지마 하데요'
'아파 하데요'

썩 귀들이 밝구나
내 귀엔 들리는 것이 없구나 "귀가 나쁘시네요"

마음에도 눈이 있어 심안, 혜안, 천리안 하듯이
가슴에도 귀가 있어 들리는 소리가 있지

"동행하실래요" "어디로 가시는 중인데…"
낙엽 대신 가지들이 가리키면서 아는체를 했다

"어디겠느냐?"
발자국 남기고 가는 길 귀천 하늘밖에

낙엽 지는 날

공원은 미다스의 황금 왕국
보도블록을 황금으로 깔았다
내딛는 발자국도 순금으로 찍힌다

압각수들은 제마다 은행 간판을 내걸고
거지같은 바람이 내미는 손에도 액면 없는
수표다발을 쥐여준다

까악까악 먹물을 토해내는
저 한아(寒鴉)의 혀도 금설폐구(金舌蔽口)로
둔갑시키면 먹물까지 금이 되리라

가랑잎 하나가 시의 행간에 떨어진다
아하, 이름을 갖고 싶음이구나
이안엽(李安葉)으로 이름해 주마

이안엽, 미다스 왕국의 초대손님
황금보다 아름다운 이름이 되리라, 이름이 되어
책갈피에 끼워져 그리운 것이 되리라

미다스 왕국을 가로질러
황금블럭에 순금의 발자국을 찍으며
황국시민에서 풀려난다

※ 금설폐구(金舌蔽口) : 금으로 혀를 만들어 입을 가린다
　함이니 침묵함을 두고 한 순자(荀子)의 말.

낙화 · 1

분분분 날리는 꽃잎
꽃비 되어 적시는
가슴엔 얼굴 하나
그리운 얼굴 하나
동행이구나

우산 속에서도 젖어버렸던 가슴
우산 없이 꽃비 맞으니
어찌 젖지 않을 수 있겠는가
화우 때문이 아닌
우수의 가슴 때문인 것을

높은 가지 지는 꽃잎
어찌 바람을 탓하랴
피면서 한 번
지면서 다시 한 번
두 번은 피어야 꽃다운 꽃인 것을

낙화는 꽃잎이 아닌
떠나는 화혼이 찍고 가는 발자국

따라 걸으면 어디쯤에서 이별이 될까 귀천
분분분 낙화 사이로 열리는 길 하나
동행할 수 없구나

낙화 · 2

지는 꽃잎만 낙화던가
한생 꽃다이 살다가는
생의 마무리도 낙화인 것을

소천
하늘의 부르심이니
귀천과 다르지 않음일 듯

생자필멸
화무십일홍
산 자 몰하기 마련이고 핀 꽃 지기 마련

같으면서 다름은
인생은 한 번 가면 다시 올 수 없지만
꽃은 봄 되면 다시 피어나거니

그렇구나
죽음 속에서 건져 올린 삶 있어
인생도 꽃다움으로 다시 피어날 수 있음이거니
어찌 화혼의 귀천 없다 할 수 있겠는가

육신 버리고 혼으로 돌아가는 발자국이
낙화인 것을

눈 오는 날

내일까지 눈이 내릴 것이란
예보는
에덴 파라다이스 행을 미루게 했다
눈길 조심에 교통체증을 피하고자 함이다

섭섭한 마음을 돌려
창밖 분분분 내리는 눈을 내다본다
아득함 같은 것에 마음이 가 닿는다
옛날이거나 가지 못한 에덴 파라다이스거나

눈 속에 떠오르는 얼굴 하나
마음에 간직했다 꺼낸 때문인 듯
미소가 따뜻하다
체온과 체온을 건넨 때문일 듯

이런 날엔
달콤한 커피 한 잔이 약일 듯싶어
커피잔에 접은 생각들을 터 마시며
연기한 에덴 파라다이스 행의 미안을 대신한다

단풍

나무들의 표정이 수상하다
미다스 왕국에서
채홍사라도 보내오는 것일까
치장이 한창이다

제마다의 색깔로 분장하는
미소일 수도
부끄러움일 수도, 수치심일 수도 있는
빛깔로 말하는 언어

이파리들은
제마다 입이 되어
이별을 고하기도 하고
귀향과 본향행을 말하기도 한다

미다스의 황금 왕국 말고
달리 고향이라도 있는 것일까
있어 돌아가고 있는 것일까
여기저기 발자국을 남기고

대춘부(待春賦)

꽃샘추위라더니
점잖지 못한
바람의 풍속이 거칠다

한나절
봄볕의 포근함을
한사코 훔쳐 도망친다

그 바람에
겨우 떴던 개화 눈금이
다시 감겨버렸다

꽃눈뿐만이 아닌
가지의 마디마디
잎새들의 눈금도 되감아버렸다

비비꼬르륵
맑은 새의 목소리는
통역불가에 의미의 해석을 불허한다

벤치에까지 햇볕이
기어 올라오려면
하오의 중간쯤은 돼야 할 듯

꽃가마 타고 오시는 이
연경거종 해야 할 듯싶다

※ 연경거종(延經擧踵) : 목을 길게 빼고 뒤꿈치를 든다 함
 이니 오는 이를 기다린다는 뜻. 곧 대춘(待春)의 뜻.

독립공원 · 1

하루 중 1시간여를
봉사활동으로 보낸다
딸애의 우체국 일을 돕는데
일종의 체신 업무다

우체국이 독립공원 근처에 위치하고 있어
나는 주말을 제하곤 매일
독립공원을 가로질러 갔다가
가로질러 나간다

일종의 과객일 수도 있고
단골손님일 수도 있는
학교로 치면 우수 개근상감이다
그 일을 싫다 않고 나는 즐긴다

소이인즉
공원은 내 쉼터이기도 하고
내 시어의 낚시터이기도 하고
자연을 읽고 배우는 실습장이기 때문이기도 하다

자연을 스승이라 했던가
자연의 이치
순환의 질서 등의 법도를
독립공원 야외 교습소 삼아 배운다

독립공원 · 2

풀린 날씨와 함께 집에만 가둬졌던
아이들도 풀려났는지
독립공원엔 어린이들이 많다

모래가 3.1절
나라 사랑 교육의 일환으로 풀린 날씨 좇아
손에 손 잡고 나들이했음 직하다

외지에서 왔는지 주차장엔
관광버스가 만당
필시 3.1절과 유관할 듯싶다

유관순 열사의 동상 곁엔
높이가 무려 40~50m는 됨직한 국기게양대가
새로이 서 있고 3.1절을 맞아 게양식을 갖는단다

애국 · 애국 · 애국
3.1절 · 3.1절 · 3.1절, 독립공원은
한 권의 불간지서, 공원 자체가 애국 교과서다

이론이 아닌 현장교육

역사교육

가신 분들의 희생이 신교훈이다

※ 불간지서(不刊之書) : 영원히 소멸하지 않는 명저서.

독립공원에서

목하 공원은 파랑으로 출렁이는 수해(樹海)
거수들의 가지들이 잎잎마다 쪽박이 되어
수해의 강물을 퍼내고 있었다

공원엔 목에까지 강물이 차올랐으나
몸이 젖거나 강물에 빠져 익사했다는
소식은 없었다

지방에서 올라온 듯한 관광버스는 여객선이 되어
공원 주차장을 부두 삼아
하객들을 실어 나르고 있었다

또래로 보아 학생들인 듯싶은 승객들은
버스 문이 열리자 기다렸다는 듯이
흡사 게망태를 풀어놓은 듯했다

혼잡하고 뒤얽힌 혼란 속을
지나가던 인어 한 마리가
막힘도 부딪침도 없이 미끄러지듯 빠져나갔다

무상의 축복

목하 공원은 개화 릴레이장
바통터치가 필요 없는 계주는
순위가 필요 없기 때문이다

질서대로 피었다 지면 그뿐
1등이니 우승이니 하는 인위가 없다
무위의 법도대로 좇으면 그뿐이다

일찍 개화한 가지가 떨어뜨린 낙화가
꽃잎 무늬 방석을 깔았지만
지나가던 바람이 쉬었다 갈 뿐 찾는 이가 없다

경쟁도 다툴 일도 없는 무위 개화
인위론 시샘이라도 있을 법하지만
피고 지는데 충실할 뿐이다

피었다 지고 졌다 다시 피는
개화지대 공원의 평화는
꽃다발로 무위가 베푸는 무상의 축복이다

물든 잎새들

세계의 질서는
힘으로 결정되고
힘은 황금으로
황금은 무게로 결정되지

황금의 위력은 미다스왕의 화폐
왕국으로부터 전통문이라도 받은 걸까
곧 접수하러 오겠다는, 수림들은 마중 준비 중

환영은 플래카드 대신 잎새들이 펼친
황금 카드 섹션
황민이 되겠다는 선서이기도 한

함부로 밟지 말 것이 고엽 하나에도 미다스왕의
신분증이 찍힌 금속활자가 들어 있다
잘못 밟았다가 발목 잡혀 시베리아 유형될 수도

봄 나절의 한때

등에 땀이 배일만큼의 적당한 일광
배인 땀방울을 식힐만큼의 알맞은 바람
나비 한 마리가 한나절을 가로질러 날아간다

그 사이로 상·하오의 중간지대를
비스듬히 모로 틀며 비켜서던 하오가
안산 능선이 드리운 그늘을 한 꺼풀씩 벗겨낸다

수양버들 꽃순들의 솜털뭉치가
둥둥둥 떠도는 수림의 수해지대
수심 깊이 가라앉은 하오가 떠오를 무렵

집단자살 소동이라도 벌이는 걸까
진달래 붉은 목숨들이
한사코 모가지를 내던지고 있다

봄 앞에 하고 서본다

TV도 라디오도 세상 접하고 사는
매체가 내게는 없다
무탈하게 보낸 하루에 감사하며
접는 하루 뒤엔 침묵에 든다

이런저런 잡사로 시간을 보내다
적당히 피곤할 무렵이면 잠에 든다
아홉 시 반이나 10시쯤에 기침
새벽 4시쯤에 어김없이 기상한다

40여 년을 지속해온 운동
침대에 누운 채 허리운동 30여 분
허리운동이 끝나면 일어나
나름의 국민 보건체조를 30여 분

운동이 끝나면 아침식사를 준비한다
서두름 없는 느긋한 여유가 좋다
아침을 마치면 8시경
2층으로 내려와 하루를 연다

이 평범한 되풀이가
내 독거의 삶의 양식이다
며칠 병석에 있다 일어났더니
꽃이 피었단 전화 소식으로 봄 앞에 하고 서본다

봄을 앓다

춘분께면 비염앓이
계절은 봄 처녀 제 오시네인데
비염의 계절은
재채기 · 콧물 · 가려움증
꽃을 피해야 하는 악연의 계절이다

꽃 피는 계절에
꽃을 피해야 한다면
악연도 그냥 악연이 아닌 악인(惡人)
악인이면 자연의 인(人)함과도 저만치
호시절마저도 분수 밖이란 뜻 아니던가

분수 밖이면 차지 못 됨이기보다
봄으로부터 버려진
피투(被投)나 아닐지
인과도 멀어짐이니 자연동일성에도 역행
허면 문명과는 합(合)할 수 있을까

인함과도 합함과도 동떨어지면 단독자
단독자면 고성낙일(孤城落日) 아니던가

소생의 계절에 고성낙일이면
피는 꽃은 분수 밖
지는 꽃의 봄앓이 낙화일 듯

봄의 행보

햇볕엔 봄이 묻어나는데
바람엔 겨울이 지워지지 않았다
두 계절의 가고 옴이 순리의 질서를 좇지만
그냥 가고 그냥 오는 것이 아닌 듯싶다

봄을 내밀어도 겨울이 미동도 않는
인간사 정치풍토도 다르지 않은 듯
계절이 무위의 질서를 따른 것관 달리
정치계절은 인위의 선택이 결정해서

광원익청(光遠益淸)일 듯싶어
병석 털고 바깥출입 했더니
계절 햇볕 따로 바람 따로 놀아
무위에도 인위적 법도가 있는 듯싶었다

꾸무럭대던 봄·겨울의 대치가
개구리가 먹물을 토해낸 탓인지
서서히 춘분 쪽으로 기울고 있다
그 중간대는 걸어가는 행보는 재촉이 없다

색의 경염

봄엔 꽃들이 다투어 색의
경염을 벌이고
가을엔 잎새들이 다투어
채색의 경염을 벌인다

색으로 말하는
언어의 향연
봄엔 피보다 진한 레드가
가을엔 황금의 골드가 으뜸이다

으뜸과 으뜸 사이로
꽃신의 행차가 지나가고
황금마차가 지나가면
봄에서 가을

꽃길도 걸어보고
낙엽길도 걸어보는 순례길
혼과 동행이었던가 보다
발자국이 나란히 찍혀 있다

석가사 백목련

석가사 앞집 담에 기대 핀
백목련의 상아빛깔이
백열등이듯 불을 밝히고 있다

발광의 열기를 띤 것도 같고
하얀 대리석 차가움의 신열 같기도 하고
석가사 대웅전 큰 부처님의 미소 같기도 한

보기에 따라서 각기 달리
번역해 볼 수도 해석해 볼 수도
풀이해 볼 수도 있게 하는 개화

뿐인가, 또 보기에 따라서는
백학이 구천의 꿈을 꾸며
부리 세워 하늘을 향한 것 같기도 하고

이 중 부처님은 어떤 것으로 읽고 계실까
고해의 골목으로 밀려드는 어둠을 밝혀
길 밝힌 것으로 보고 계시는 것은 아닐까

어찌 정답이 있겠는가
꽃은 하느님의 미소이거나
자연의 표정인 것을

설화(雪花)

인간의 강렬한 생명 상징인
피로도
자연의 무위를 자랑하는
그린으로도 빛깔할 수 없는
순도 120%의 순수만이 꽃잎 할 수 있는
빛깔을 거부하는 꽃 육화는
지상의 꽃이 아닌 천상의 꽃이다

천사들이 실수로 떨어뜨렸음 직한 옥진이거나
하느님이 지상의 오염을 지우기 위해
뿌렸음 직한 육화엽이거나
지난봄 화혼으로 귀천했던 꽃잎들이
피를 씻어낸 뒤 돌아옴이거나
지난가을 엽혼으로 돌아간 그린들이
독으로 번진 얼룩을 지우고 돌아왔음 직한 육화

꽃이면서 꽃이 아니고
꽃이 아니면서 꽃인
꽃으로 피우고도 빛깔하기를 마다하는
순백의 순수만이 꽃잎 할 수 있는

가지째 나무째 산째
꽃이 되어버린 육화
설화는 육화의 본 이름씨이거니

※ 육화(六花) : 눈의 이칭.

세상이 온통 누렇다

은행나무는
지가 무슨 은행이라도 되는 줄 아는지
이름값은 한다는 속인지
독립공원 가로수 길이
미 맨해튼 월가라도 되는 줄 아는지
황금 주화를 마구 뿌려
보도블럭을 황금으로 장식했다

미다스왕의 둔갑술도 아니고
봉이 김선달의 사술의 혓바닥도 아니고
아니고 아니고가 어찌하여
황금 왕국으로 둔갑을 하는지
가을의 둔갑술에
눈도 황금 돋보기를 썼는지
눈부신 황금에 환장을 했는지
온통 세상이 누렇다

시시콜콜이라니

지는 가랑잎을 보면
죄다 등을 드러내고 엎어져 있다
딴엔, 얼굴을 밟히기보다
등을 밟히는 것이라고
생각했던 시시콜콜

바다의 물고기는 죽으면 죄다
배를 드러내놓고 뒤집혀 있다
숲을 수해(樹海)라 않던가
수해나 바다가
같음이 아니던가

헌데, 가랑잎은 등을 보이고 떨어져 있고
물고기는 죽으면 배를 드러내고 뒤집혀 있다
바다와 수해가 같지 않음이 아니던가
철들면서 보는 법이
이리 시시콜콜하다

악가시야

향으로 부르면 아가씨
가시로 부르면 악가시야

복부가 터진 채 나자빠진
저 바람들 보라고

벌건 대낮에 알몸으로 향 훔치러 왔다가
악가시에 찔린 거야

아가씨라고 잘못 불러도 그만
아카시아라고 잘 불러도 그만

나는 온몸에 가시가 박힌
악가시라고

우수 전후 · 1

옛분들 입춘과 경칩 사이에 끼어넣은 절기 우수를
비우(雨) 물수(水), 우수로 불렀던 소이 알 것 같다
우수 전후엔 항시 비가 왔기 때문이었으리라

유독 갑진년엔 세상 꼴이 그래선지
눈과 비가 섞여 심술인지 기싸움인지
오는 봄과 가는 겨울의 겨루기가 얄궂다

비로 적시면 눈으로 시샘하고 눈으로
겨울 고집하면 비로 봄 내세우는 두 꼬라지가
흡사 한반도 남북, 남의 정치 상황과 흡사하다

맑고 갠 날의 화신과
하늘이 축복으로 내린 나무들 발병지대 개화기
경칩이면 개구리란 놈 "꽃 피었어" 하며 눈떴으면

이전투구 정치판 서로 물고 늘어지지 말고
밥그릇 싸움 접고 공생 민생 추구했으면
그리하여 민주주의 꽃도 다투어 개화했으면

우수 전후·2

우수 지났으니 우리 세상이다 하고
봄이 비를 내렸더니
어림없는 소리
겨울이 그간 유보했던 진눈깨비까지를 동원
천지가 하얗게 겨울이다 하고
보복차원의 맹공을 퍼부었다

무위에는 악함이 없는 순수만 있는 줄
알았더니 아니었어
칼에는 칼, 불에는 불
비에는 눈으로 한치의 양보도 없는
싸움 마다하지 않았어
생태계란 싸움판이란 걸 알게 했다

보라고 우리의 정치판을
정치가 가장 치열한 생물들의 싸움판이어서
밥그릇 싸움도 나눠먹기식 두고
으르렁대며 물고 뜯고 늘어지는
추악한 이전투구판

봄 되고 꽃 피면 살만할까 했더니
생각 접게 했어
눈으로 즐길 수 있는 꽃이야 해마다 피는 것
마음으로, 가슴으로 즐길 수 있는 꽃이 없어
진눈깨비 속에서도 기대해 보는 봄
오는 4월 무위 아닌 민의로 피운 꽃도 필랑가

우수 전후 · 3

무릎까지 기어오르던 햇볕이
정오가 기울자
벤치에 걸터앉자 자리를 같이 했다

토해냈다 삼켰다를
간헐적으로 되풀이하는 수경사 막사 연통은
풀린 날씨 탓에 난방의 강도를 낮췄음이리라

영상의 날씨가 생리에 맞지 않는다는 듯
한아 한 마리가 불편함을 연거푸
먹물로 토해냈다

그중 개화가 빠른 탓으로 목련 가지를
올려다보았으나 아직 꽃눈 뜰 기미가 없다
백자 말고도 이칭이 열도 넘어 서로 미룬 탓일까

영상으로 몸을 푼 공원은
가장자리의 그늘을 몰아내며
영역을 넓혔다

우수를 맞았음인지 봄의 행보가
보폭을 넓히고 느긋한 사람들의 등엔
나른함이 업혔다

은행목에 온통 가을이

압각수(鴨脚樹)
가을의 황족(皇族)인가 보다
순금의 황복(皇服)으로 갈아입고 있다

거수(巨樹) 느티를 비롯한 잡목들이
제마다의 서열을 자랑하듯
빛깔과 무늬를 내세웠지만 잡스럽다

시샘 많은 옻나무들이 독기가 터진
새빨간 핏빛 치장으로 칠했지만
부러워하는 눈길이 없다

서기(庶氣) 못 면한 이름 없는 것들은
지난여름의 열독을 치유하지 못해
시퍼런 멍자국을 지우지 못하고 있다

이마가 발그레 금박된 모과들이
마치 황과(皇果)라도 된 듯
자랑 삼아 이마를 드러내고 웃고 있다

여기저기 황국(皇國)답게 금으로 찍힌 발자국들
따라 걸으면
황민(皇民)이나 된 듯 팔자걸음이 된다

※ 압각수(鴨脚樹) : 은목의 이칭.

입동(立冬)에 · 1

겨울이 들어선다는 입동(立冬)
이름값을 하려는지 차갑다
춥기엔 견딜만하고 견딜만하기엔
싸늘기가 온몸을 움츠러들게 한다

습관처럼 손 주머니를 찾고
따뜻한 주머니 속 온기가 싫지 않다
싫은 것은 닭살 돋는 한속기
으시시 떨었다 푸는 체온

어찌하여 차가움이 따뜻함을 그리는지
그려 따뜻함으로 차가움을 밀어내는지
익힌 감각들이 오드득
마찰음을 내며 움츠렸던 마디를 푼다

입동(立冬)에 · 2

체감온도 영하
입동이 말만이 아닌
겨울임을 말해주는구나

바람 차고
손, 주머니를 찾아들고
온몸엔 오싹한 한기

가을하늘 맑다 했더니
하루 사이에 차가운 겨울하늘
마음도 차갑긴 매한가지

체온이 그리운 계절 맞았으니
따뜻한 가슴으로 그리워하면
따뜻한 미소로 다가올까 그대

입동 전후 · 1

입동을 앞에 해서일까
바람에 성깔 묻어나고 발길질 거칠어졌다

압각수가 혼으로 찍어놓은 발자국을
무슨 심술인지 짓밟고 가기 일쑤다

동행을 거부했던 걸까
약속을 어기고 몰래 떠나버린 배신감 때문일까

알아도 그만 몰라도 그만
가고 옴이 서로 다르니 비켜갔을 수도

거수들의 가지 한철 푸른 그늘로 몸 섞고 살다가
잎새마다 후조가 되어 날아가 버림 때문일 듯

가버린 것들이 그리운 깃이 되는 소이다
여긴 따뜻한 체온이 그리는 별리의 어디쯤일까

입동 전후 · 2

떠나는 발자국 낙엽으로 찍고
오는 발자국 서설로 찍은
이리 아름다운 발자국으로 가고 오는
귀거래에 한 줄의 귀거래사가 없어서야

잘 가시오, 어서 오시오
예로써 보내고 예로써 맞는
자연의 법도는 그대로
한 편의 귀거래사가 아니던가

가야 오고 와야 가기도 하는 법
인생이라고 다르랴, 보내고 그리는 연민의 정
차가운 입동에 따뜻한 체온으로 그림이
한 편의 귀거래사인 것을

입동 전후 · 3

입동(立冬)이면 겨울이 들어섰음이고
입동(入冬)이면 겨울이 들어왔음이다
들어섰건 들어왔건 겨울이 시작됐단 뜻이니
이래도 저래도 무방할 듯

겨울을 삼동이니 엄동이니
맹동이니 달리 표기하지만
매서운 겨울이란 뜻이니 이래도 그만
저래도 그만 같은 뜻 아니던가

같음을 두고 다름으로
다름을 두고 같음으로 표기하는 것은 많다
동음이의가 그러하고
이의동음의 펀(pun)이 또한 그러하다

같고도 다르고 나르고도 같은
立冬과 入冬은
하나이면서 둘이고
둘이면서 하나란 뜻 아니던가

자타불이(自他不二)면 너와 나는
둘이 아니고 하나라는 뜻
있고 없고를 넘어선 경지에서의 깨달음이다
立冬이 入冬의 반상합도도 그러할 듯싶어서

※ 반상합도(反常合道) : 상식에는 어긋나나 도로써 깨우치
면 합리가 된다는 불교의 용어.

입춘과 우수의 중간지대

아직은 그럴 수 없다며
뻣뻣하게 세운 칼날을 휘둘렀으나
소용이 없었다, 기가 빠져나가버린 바람은
옷깃도 파고들지 못했다

겨우내 깃털로 추위를 이겨냈던
깍깍깍 까치들도 햇살로 몸을 풀었는지
격음에 기가 물려 있다
필시 원기를 회복했음이리라

산자락을 포복으로 기어오르던 햇볕이
한낮을 기점으로 수직으로 일어서
숲 사이로 들어서자 수림들은
토해냈던 그늘을 거둬들였다

단풍나무 몇 그루가
단풍 구실을 못한 부끄러움을 떨쳐버리지 못한 채
가을을 고집해 서 있었으나
눈에 담아가는 이가 없었다

바람이 버리고 간 하얀 비닐봉지가
가지 끝에 매달려 필사의 사투로
추락을 면하고자 했으나
소용없었다

하오가 기울자 산그늘이 슬금슬금 기어 나왔고
능선을 사이로 이쪽저쪽이 음지와 양지로
영역 표시를 달리했던 그 사이로 길이 하나
꽃가마 한 대가 우수로 가는 길을 물었다

입춘 전후 · 1

영상을 되찾은 햇볕이
금값을 회복한다
빳빳한 풀기가 풀리면서 구겨진
부드러움으로 제값을 찾는다

산자락이 말아들였던 그늘들도
덕석말이를 펼쳐 습한 그림자들을 말리고 있다
적당히 긴장이 풀리면서
한나절의 행보도 보폭을 달리한다

빈 벤치엔 포복으로 접근하던 양지가
당당히 걸어가 걸터앉는다
그늘이 양보한 자리에 나란히 앉아
지난 계절의 젖은 냉기들을 말리고 있다

공원이 서서히 부풀어 오르면서
팽팽한 긴장감을 확장한다
정오쯤엔 두어 자쯤 떠오를 듯싶게
탄력으로 팽창이 배가 된다

수경사 병사들의 구보가 땅으로
발자국을 찍으며 지나간다
우두둑 나목의 근육질이 풀리면서 내는
뼈마디 소리가 봄기운을 깨우는 듯싶다

입춘 전후·2

입춘에도 봄의 입성은 저지를 당했는지
바람 끝에 겨울이 떨어져나가지 않았다
동장군의 퇴각부대가 필사의
저항을 벌였던 모양이다

영역다툼을 하는지 사랑싸움을 하는지
두 쌍의 까치가 편을 이루어
높이뛰기로 상대를 제압
상대편을 물리쳤다

10여 합이 끝나자 한 편의 까치 부부가
깍깍깍 승리를 알리는 듯했고
진 쪽은 소리 없이 따로따로 현장을 떠났다
게임 종료, 아무 일도 없었다는 듯 조용했다

오랜만에 구구구 비둘기가 울었다
노래는 아닌 것 같고
울음은 더욱 아닌 것이
배고픔이 아니면 짝을 찾는 것 같았다

간밤 내린 눈으로
나목 사이엔 눈이 쌓였고
쌓인 눈이 겨울의 건재를 과시하는 듯했다
우수쯤이 지나야 봄은 표정을 드러낼 듯싶다

입춘 전후 · 3

당분간 추위는 없을 것이라는 기상예보
참새 떼들도 귀동냥해다 소식 교환하는지
한나절 방담으로 떠들썩하다

까치들도 신방을 차려 놓고 깍깍깍
목마르게 불러대 보지만 신랑이란 놈이
난봉꾼인지 바람둥인지 돌아올 기미가 없다

솔숲 그늘 시누댓잎이 심상찮다
양지녘의 것들은 누렇게 뜨고 음지녘의 것들은
싱싱하고 푸르르다

필시 양지녘의 것들은 가뭄을 탔던 것 같고
음지녘의 것들은 그늘이 가뭄을 피하게 했던 듯
그러지 않고서야 음양의 역리가 될 리 없다

잡새들 입놀림도 부지런을 떤다
짝을 부르는지 추위를 벗어난 안도감에
목이라도 트여 소리하는지 옥을 굴리는 소리다

벌써 매화 가지에는 혈색이 돈다
눈언저리가 종기처럼 벌겋게 부어올라
개화를 예고하고 있다

느긋하게 봄나절 한가처럼
생각의 가지를 펼쳐보며 한 그루 나목으로
가지와 가지로 생각을 엮어본다

장미

신촌은 장미촌
정류장에고 로터리에도
여자대학 담장에도 만발한 장미

한결같이 붉힌 얼굴의
소이를 아시는가
물론 모르지

다만 한 가지
귀동냥한 건
수줍하다 들켜 저렇다데

중동 공원 소묘 · 1

수경사 막사 굴뚝이
하얀 증기를 뿜어낸다
기다렸다는 듯이 냉공복 못 면한 바람이
핥아 먹어치운다

아침을 꽁꽁 얼렸던 영하의 날씨가
정오를 기점으로 서서히 풀리기 시작하자
오므렸던 공원은 구겨진 옆구리를
서서히 폈다

소나무를 제하곤 공원수들은
나목으로 서 있는데
떡갈나무 한 그루가 갈잎을 자랑하며
가을을 고집하며 가을로 서 있다

주차장에 주차된 차창이
비스듬히 기울며 미끄러진 햇살을
직각으로 꺾어 방사하며
비 주차공간에 머물러 있던 한기를 밀어냈다

중동 공원 소묘 · 2

1시 10분, 하루도 거름 없이 출타하는
내 나들이 시간이다
몸만 빠져나가면 되는 데도
무사 귀가까지는 마음이 무겁다

2시 반쯤이면
업무에서 해방돼 자유다
무사히 끝난 책무가 풀어주는 해방감은
머리를 가뿐하게 해준다

공원 벤치는 휴식 겸해
잠시 들렀다 가는 내 하루의 간이역
무악재 고개를 걸어서 넘기 위한
에너지 충선소다

다행히 몇 킷 주변에서 재단해 가면
한 편의 시를 탄생시키는
내 1당에 기여한다
허니 나들이치곤 보람 또한 없지 않다

삐리 삐릴리 한 마리 새 울음이
휴식에 끼어든다
풀린 한나절이 새 소리에 감겨
하오로 돌아선다

내가 돌아갈 시간에 맞춰
재촉하는 분침처럼
이 정도의 한 컷 재단이면
하루치의 몫은 챙긴 셈이 된다

중동 공원 소묘 · 3

중동으로 울타리 친 공원은
햇볕의 강도에 따라
옆구리를 오므렸다 폈다 되풀이했다

흡사 열기구처럼
예열에는 부풀다가
열이 식으면 오므라졌다

정오 무렵의 수경사 막사
연통에선 하얀 증기를 토해냈다
삼켰다를 되풀이했다

흡사 지키고 있는 허풍 든 바람이
시장기 못 면해 낼름낼름
혓바닥으로 훔쳐 먹은 것 같았다

그늘 못 면한 채
쭈그리고 앉았던 벤치는
펴진 정오의 햇볕으로 주름을 폈다

중년 사내의 귀가
뿔로 일어선 소이인즉
통화내용이 짐승스러웠던 듯싶다

하오로 바뀐 시간에도
따라 동행자 없는 그림자가
나목지대의 중동임을 읽게 했다

중동 공원 소묘 · 4

따뜻한 양지녘의 공원 벤치
바람은 건성으로 지나가고
정오 비낀 햇볕이 잠시 쉬었다가
그림자에 자리를 양보하고 떠난다

안산 능선이 드리운 그림자는 수직
공원 쪽에도 신촌 쪽에도 치우침이 없이
중간대에 들어서 있다가
정오가 모를 틀어 하오로 들어서자

산그림자 서서히 내려와
공원의 옆구리를 밀어내며
햇볕의 영토를 잠식한다
그림자를 짊어진 등이 비스듬히 눕는다

바람은 두 자리 숫자의 영하를
떨쳐버리려는 듯 거칠고 사납다
바람과 달리 햇볕은
간간한 온기를 뿌려 부드럽다

삐리 삐리리 짝을 불러
한 쌍의 새가 햇볕을 가로질러
능선 쪽으로 날아간다
그 사이로 정오와 하오의 선이 그어진다

포복하듯 벤치를 기어오르던 햇볕이
정지 명령이라도 받았는지 멈춘다
가린 건물의 모퉁이를 돌아서지 못함 때문이다
그늘에 자리를 내주고 나그네도 자리를 떴다

중동 공원 소묘 · 5

안산 능선을 타고 하오가
비스듬히 미끄럼을 타고 내려간다
공원 가장자리에 그늘이 하나둘 생기면서
햇볕의 영토가 점점 접혀진다

동그라미 안에 공원을 가둬놓고
하오의 발걸음이 변두리를 밟는다
그림자를 잃어버린 거수(巨樹)들이
돌아갈 제 모습을 잃는다

주인을 따라 나선 애완견들의
행보가 부지런을 떤다
돌아감을 즐김일 듯한
재촉한 발걸음 탓일 듯싶다

구름에 얼굴을 가린 태양이
쓸쓸한 표정을 감추지 못한다
구겨지곤 펴지 못하는 표정에
주름이 파이고 하루는 그렇게 늙어간다

찔레야

나를 달리 들장미라고?
장미는 무슨

살찐 독가시 내밀며
찌를레 찌를레

찔리기도 전에
먼저 터지는 코피

명향(名香)을 욱복(郁馥)이라 하던가
피로 꽃잎하지 못한 한의 복수가 터뜨린

순도 120%의 하얀 야성(野性)을
어찌 코피로 더럽히겠는가

찌를레 찌를레 하지마
나는 찔레야

초동 소묘

한반도의 전형적 겨울 날씨
삼한사온인지 삼한오온인지
제대로 하는 건지 흉내하는 건지
며칠 춥더니 오늘은 풀려
흡사 봄날씨다

햇볕에 부풀어오른 공원은
거대한 열기구같이 오므렸던
가장자리를 넉넉히 펼치고
비상이라도 예비하는 듯
들썩이는 기미가 역력하다

한사코 발자국만 찍던 플라타너스는
거수를 자랑이라도 하듯
직립 하체로 무게를 가누고 서서
엽혼들의 승천을 지켜보려는 듯
망천 중이다

제 표정과 빛깔을 잃은 단단풍나무는
이름값도 못한 채 구겨져 있고

갈색 무게를 떨어뜨린 수림들은
힘줄 세운 근육질을 자랑하듯
바람과 맞서 있다

공원째 떠올리기에는 힘에 겨운 듯
팽팽히 부푼 햇볕이 하오로 기울자
가장자리가 구겨진 공원은
비상을 유보한 듯
긴장을 풀어버렸다

초동일기

초동추위 영하 8도면
혹한이다
재래식 석유보일러가 난방장치인
등유 탱크에는 기름이 없다
대신 침대를 비닐텐트로 바람막이
제법 방한의 효과가 있다

온수매트는 열도를 조절할 수 있어
이런 날엔 온기를 끌어 올린다
알맞게 껴입기도 하고 벗기도 하며
체온조절에 제법 익숙하다
몸이 익혀온 난방법을 익힌 대로
잘 적용한다

다소 구식이긴 해도 싫지 않다
현대식으로 빵빵하게 전열기를 틀면
따뜻할 터, 헌데 독거의 처지라
한 사람의 난방을 위해 전열기 틀기가
마음에 부담이 된다
부담을 덜기 위해 구식을 택한다

그럭저럭 견딜만하고 또 잘 견딘다
감기에 걸리지 않을 정도로
조정하고 조심한다
노하우랄 것까진 못되지만 익숙한 겨울나기에
잘 길들여져 제법 적응을 잘한다
따뜻한 체온 그립지만 분수 밖으로 알고 접는다

초동우(初冬雨) · 1

내리는 건지, 뿌리는 건지, 내리치는 건지
제법 성깔이 묻어 있다
바람이 보쌈해 가려고 펼쳤으나
호락호락하지가 않았다

근성도 질기다
눈발로 굳지 못한 화풀이라도 하듯
내리치는 회초리질이 매섭다
수직을 거부하고 사선으로 때리기다

심술도 제법이다
방우로 펼친 박쥐날개들이
뒤집히기 아니면 접혔다
펴졌다 수난이다

장마 흉내라도 하는지
조상이 장마족이었는지
멎었다 그쳤다를 되풀이하는가 하면
게릴라성 공격성도 지녔다

귀도 밝아 욕바가지를 귀동냥했는지
물바가지로 갚는다
주말 기상이 내내 젖음이다
초동우, 환영받지 못한 앙갚음이 거칠다

초동우(初冬雨)·2

기후 재앙 때문일까
위기 때문일까
하루쯤 내렸으면 했던 겨울비가
연일째다

겨울답게 포근히 눈이라도 내리면
당연한 걸로 알고 탓도 없다
헌데 비에는 토를 단다
'무슨놈의 겨울비가 며칠째야'

비 따로 바람 따로
거칠기가 심술 차원이다
주말께면 두 자릿수 추이 예보로 보아
한파 징조가 분명하다

떵녕거리며 엄동 흉내라니
기후 위기의 경고장 같다
그 바람에 삼한사온의 우리 겨울나기는
망가져 버렸다

허긴 기후 악당국 오명 뒤집어쓰고 있는데
비고 눈이고 뒤집어써야 마땅
바람이라고 예외겠는가
눈·비·바람 깡패짓이나 악당국 깡패짓이나

초동우(初冬雨)·3

지나가다 잘못 들어섰거나
동남아 열대지역에서 왔나는 신고식이거나
초겨울 날씨에 연 3일을 내리고도
그칠 기미를 보여주지 않는 초동우

눈으로 내렸으면 강아지들 환호라도
반기는 이 없으니 삐딱하게 사선 긋기에
바람까지 동반해 심술까지도
뿐인가 한 술 더 떠 오기까지도

도도도면 도가 텄음인데
잘못 들어선 줄도 모르는 건달비에
오기며 심술까지면 푸대접 받기 일쑤
올 줄만 알고 돌아갈 줄 모르니 치매비였던 것을

초동초(初冬抄)·1

길 양켠으론 압각수들이 도열해 서 있었고
가지들은 쉬임없이 가을을 뜯어내고 있었다

떨어진 가을들은 황금주화가 되어 보도블럭으로
깔렸고 깔린 길을 황금마차가 지나갔다

가을은 그렇게 머물다 떠났고
입동 앞세운 동장군이 들어서자 겨울은 시작됐다

한기를 피하기 위해 사람들은 두꺼운 외투며
둡바로 갈아입고 목을 움츠리며 냉기를 비워냈다

양지녘엔 비둘기들이 등에 한 햇볕으로
세운 깃털을 부풀려 체온을 조절했다

수림 사이로 드나들던 바람이 가지를 흔들어
단장을 서둘렀고 황금마차에 실려 먼 길을 떠났다

초동초(初冬抄)·2

온도계의 눈금이 낙법을 시작하자
계절은 한 계단을 내려앉았다
높이뛰기를 시작한 물가고 가열에도
일어설 기미는커녕 되레 주저앉았다
한철 앉은뱅이 신세 못 면할 듯싶다

입동 지나면서 손버릇도 도졌다
슬금슬금 주머니를 만지기 시작하더니
체온을 훔치는 버릇이 되살아났다
주머니 안방 삼아 기생(寄生)하면서
한철 기생(妓生) 놀이 즐기듯 놀아날 판이다

초동이 중동 되고 중동이 엄동 되는
계절의 초입부터
앉은뱅이니 손버릇 기생이니
인사치곤 점잖지 못하지만
동장군과는 반기며 인사 나눌 상대가 못 됐다

초동초(初冬抄)·3

황금무게가 가누기 힘겨운지
가지들은 한사코 가을을 뜯어내고 있다
바람이 날개를 펼쳐 물고가다
떨어뜨린 황금조각들이 보도블럭으로 깔린다

황금 거리를 따라 떠나는
가을의 행방은 모른다
여기저기 떠나면서 찍어 놓고간
발자국만 흩어져 있을 뿐

수림이 손으로 가리킨 저쪽
이마로 바라기하기엔
너무 높고 멀었던 천심이
엽혼으로 돌아간 귀천이었을 듯싶다

초동 초입에 서 있음인 것을

삼한사온은 옛분들의 겨울 진단
시대와 함께 지금은 진단도 바뀌었다
두 자리 숫자의 영하권이
영상으로 바뀌는데 1주가 걸렸다
해서 하는 말 삼한사온이 아닌
1주한 1주온

영상의 날씨는 흡사 봄날
적당히 풀린 긴장이
팽팽한 탄력으로 부풀어 오르면서
공원은 열기구의 풍선처럼
가장자리가 오므렸다 폈다를
되풀이했다

거수(巨樹)들이 뻣뻣하게 굳은
가지를 흔들면서 동맥경화증이 풀린 듯
내리꽂히는 햇살을 수혈하곤
낭창낭창했다
소이인즉 황금 무게를 회복한 햇볕이
걸터앉아 그네를 탄 흔들림 때문

움츠렸던 등이 펴지는 건
햇볕 세례 때문이 아닌
구겨졌던 마음들이 풀리고
풀려 혈행이 원활했기 때문일 듯
이대로 봄이려니 기대는 무리
이제 겨우 초동 초입에 서 있음인 것을

초춘초(初春抄)·1

겨울 가면 봄 오려니
자연의 순환질서가 그러려니 했더니
아니었다

봄과 겨울이 비와 진눈깨비로
육탄전을 벌이는가 하면
비로써 밀어내면 진눈깨비로 막아섰다

까치의 격음이 부지런을 떤다
구구구 비둘기도 한가락을 보탠다
봄의 서곡들이다

헐벗은 가지들이 보랏빛으로
생기를 회복하고 철 이른 꽃눈금들이
경칩의 개구리보다 먼저 눈을 뜬다

겨울의 보폭이 급해졌고
봄의 보폭은 꽃신답게
아씨 걸음걸이다

한반도에도 정치겨울 지나가고
정치 새봄 맞았으면 했더니 한아 한 마리가
귀동냥하고 그렇지 그렇지 하며 지나간다

초춘초(初春抄)・2

하늘은 파랑 한 겹 구름 한 겹
마치 채은지를 깔아놓은 듯
채색성이 고왔다

공원은 커다란 모자처럼 채은지를 뒤집어쓰고
그늘 한 겹 햇볕 한 겹으로
문양을 짜 깔아놓고 있었다

사람들은 카펫을 밟고 지나가듯
문양을 밟고 갔고 계절인 듯싶은
그림자가 어깨 너머로 이를 지켜보고 있었다

며칠째 진눈깨비에 시달린
꽃눈들의 눈 가장자리가 벌겋게 부어올랐고
사람들은 개화 기미를 미처 눈치채지 못했다

3.1절을 맞아 게양식을 가질
40m도 넘는 새로 세운 국기게양대가
독립공원의 가장 높은 꼭대기가 됐다

봄의 점령지가 된 공원은
유관순 열사가 흔드는 깃발이 아프도록
펄럭였으나 주조된 태극기였다

초하 공원 소묘

햇볕은 황금 톱날을 세워
한사코 산그늘을 토막내
수해(樹海)에 던졌다

차오르는 수심은 정오께
정자목 높이만큼 차올랐고 수면은
지나가는 바람이 세운 대팻날에 깎여나갔다

잔잔한 수면 위로
까마귀 떼가 모여들어 먹물을
토해댔으나 맑기가 유리같았다

격음의 날을 세운 까치가
한사코 쪼아댔으나 금이 가기는커녕
쪼아댈수록 유리의 두께는 두터워졌다

가뭄 타는 가지가 수맥 결핍으로 떨어뜨린
고엽들이 고기 떼가 되어 이리 몰리고
저리 몰리며 유영을 즐겼다

수초처럼 흐느적거리던 거수 가지들이
정오의 햇살을 털어내자 화응이라도 하듯
공원은 금물결을 일으켜 세웠다

포착

독립공원, 비둘기 한 쌍이 교미를 했다
교미란 게 서로 부리를 부비며
인간으로 치면 키스를 했다
그리고 교미가 끝나자 암컷이 수컷의
주위를 돌며 수놈의 부리를 다듬듯 쪼았다
보기에 따라선 사랑의 표시 같기도 하고
만족했다는 표시 같기도 했다

우연히 포착된 지워지지 않는 한 컷이
생명에의 순수
종족보존 본능에의 충실을 통한 영원성
생명 있는 모든 것들의 성을 구분하는 자웅
순간 포착으로 영원에 잇대어 보는
연속성의 원리에 감탄을 금하지 못했다
우주의 창조, 지속의 원리가 이러할 듯싶어서

풍료법(風療法)

더위 먹은데 특효약 있던가
염병앓이에 특효약 있던가
돈 주고는 살 수 없는 약국에는 없는 무료로
제공하는 약은 바람 이름하여 풍료법(風療法)

나자빠져 눈 뒤집히고 버큼 토해내는 염병에도
더위 먹어 앓는 어지럼증에도
특효약인 바람
풍료법은 무위의 처방전

공원은 간판도 병실도 없는 대형 병원
거수들이 깔아 놓은 그늘 침대 삼아 누우면
주사·투약 없이도 저절로 치유되는
풍료법

돈 주고는 고칠 수 없는
약 없이도 고칠 수 있는
더위 먹거나 염병엔 특효약인 바람
바람으로 치유하는 풍료법

하일 수해에서

수해(樹海)의 깊이는
수림(樹林)의 높이로 잰다
파도의 높이는 산의 높이로 재고
높이에 따라 격랑도 되고 노도도 된다

움직이지 않으면서도
거대한 장강으로 흐르면서
산째 쓰나미가 되기도 하고
조용히 섬이 되어 파도로 출렁이기도 하는 수해

물고기 대신 이 산 저 산 옮겨다니며
뻐꾸기가 바다를 부리로 접었다 폈다
일으켜 세웠다 뉘었다
장난감 삼아 가지고 놀기도 한다

하늘에는 떠도는 구름
지나가다 강심에 그늘 띄워 배를 만들기도 하고
밧줄 없이 인양해 가기도 하며
바람 사공 삼아 도강하기도 한다

해난 사고도 익사도 수장도 수난도 없다
물이 아니면서 물보다 푸르고
물보다 순수한 강물
나는 시방 그 강을 유영하는 한 마리 인어다

하오 공원 소묘

독립공원은 서울의 작은 포구
수해(樹海)의 깊이는 알 수 없으나
높이를 자랑하는 아름들이 압각수
높이쯤으로 척도가 가능할 듯싶다

시나브로 몸을 던져
낙법 연습 중인 고엽들이
늦봄 가뭄의 깊이에라도 내려앉으려는 듯
높이로써 깊이에 도전한다

지방 나들이를 싣고 온 고속버스들이
포구에 승객들을 내려놓고 정박 중이다
하오의 햇볕이 기웃대다 텅빈 것을 확인하고
유리창 미끄럼틀 삼아 비켜선다

잘못 들어섰는지 나비 한 마리가
수심의 중간을 가로질렀으나
물길을 내기엔 역부족
파랑은 길을 열어주지 않았다

대신 하오를 재촉하던 한나절이
하오와 정오를 갈라
길을 열었고 그 길로
한나절이 빠져나갔다

지나가던 바람이 끼어들어
잠시 파랑을 일으켜 세웠으나
수심에 잠긴 공원은
좀처럼 떠오를 기미를 보이지 않았다

하오의 공원 소묘

안산자락 능선에
구름이 걸리듯 그늘이 걸쳐 있다
독물이라도 번진 듯 그린그린(green)이
먹물을 뒤집어쓴 듯하다

그늘 비낀 한쪽에는
5월의 다디단 햇볕을 핥느라
잎잎마다 입이 되어
혀놀림이 부지런하다

수림과 수림 사이로 길을 내어
바람이 가지들을 흔들 때마다
수해의 파랑을 일으켜 세웠고
수해의 수심은 깊어갔다

딱딱한 나무 벤치에 깔린 그늘이
스펀지보다 푹신거렸고
스치는 바람은 알맞게
더위를 훔쳐갔다

흰 구름 반, 푸르름 반
반반으로 하늘은 공평했고
한때의 여유로움이
한운야학이라도 벗한 듯 한가롭다

까막까치도 한가의 적요를
깨뜨리지 않으려는듯
덥고 느린 까욱까욱을 삼갔고
깍깍깍 격음으로 찍어내지 않았다

오지게 다투어 핀 장미들이
계절의 여왕답게 요염하고
붉은 입술과 입술이 겹치고 물리면서
열기를 뿜어냈다

해동 무렵의 공원 소묘

영상을 회복한 날씨로
공원은 햇볕으로 가득 찼다

햇볕 사이를 가로질러 빠져나간 바람은
어깨춤을 추고 가는 듯 부드러웠다

영하의 날씨에 움츠러들었던 비둘기 떼들이
깃을 부풀려 세우고 일광욕을 즐기고 있다

수경사 식당의 연통이 뿜어내는 증기가
오늘따라 바람의 해살을 면했는지 키가 웃자랐다

맨살로 엄동을 버틴 나목들의 근육질이
햇볕 세례로 수액이 도는지 윤기를 달리했다

입춘·우수를 간이역 삼아
서두름 없는 봄의 행보는 다소곳했다

침침한 겨울로 개폐 기능을 상실했던 주차장
자동차들의 유리창이 개폐 기능을 회복했다

→→→→←←←←로 간이역을 떠난
발길들은 가고 옴의 방향을 달리했다

햇볕 따스한 날
- 이안에게

햇볕 따사로워
공원 벤치에 앉아본다
시나브로 지는 낙엽
가랑잎 하나가 펼쳐진
노트 위에 떨어진다

오호라, 인정이 그리운가 보구나
이름으로 불러주랴
이안엽(李女葉)
가슴 깊은 곳에 이름 하나 간직하고 살 듯
책갈피에 끼워 오래오래 간직하마

따뜻한 체온이 그립듯이
다정스레 웃는 미소며 인정이 그립구나
이런 날엔 사랑하는 이의 이름
가슴에서 꺼내 불러본들 어떠랴
이안

무위음집(無爲吟集)

2024년 8월 15일 인쇄
2024년 8월 25일 발행

지은이 / 박진환
발행인 / 박진환
펴낸곳 / 조선문학사
등록번호 / 1-2733
주소 / 03730 서울 서대문구 통일로 389(홍제동)
대표전화 / 02-730-2255
팩스 / 02-723-9373
E-mail / chosunmh2@daum.net

ISBN 979-11-6354-288-9

정가 10,000원

* 인지는 저자와 합의 하에 생략
* 잘못된 책은 서점에서 교환해 드립니다.